シナモロールとポムポムプリンの
クロスステッチBOOK

宗のりこ

JN024358

Introduction

シナモン

遠いお空の雲の上で生まれた、白いこいぬの男のコ。ある日、空からフワフワ飛んできたところを、「カフェ・シナモン」のお姉さんに見つけられ、そのままいっしょに住むことに。シッポがまるでシナモンロールのようにくるくる巻いているので、「シナモン」という名前をつけてもらう。今は、カフェの看板犬として活躍中。特技は、大きな耳をパタパタさせて、空を飛ぶこと。おとなしいけれど、とても人なつっこくて、お客さんのひざの上で寝ちゃうこともある。

プリン

こげ茶色のベレー帽がトレードマークの、ゴールデンレトリバーの男のコ。のんびり屋で、好きな言葉は「おでかけ」、嫌いな言葉は「おるすばん」。くつ集めが趣味。飼い主のお父さんの革ぐつ、お母さんのサンダルなど、片っぽずつ、こっそり隠している。ミルクと、ふにゃふにゃしたものと、ママが作ったプリンが好き。特技は、お昼寝とプリン体操、誰とでもなかよくなれちゃうこと。将来の夢は、もっともっとおっきくなること。飼い主のお姉さんの家の玄関にあるプリン用バスケットがお家。

誠文堂新光社

I LOVE CROSS STITCH

シナモロールとポムポムプリンの
スイーツ・カフェへようこそ。
元気なキャラクターと、
とびきり甘いケーキにプリン、チョコレートが
刺繍の図案になりました。

クロスステッチは図案どおりに刺していけば
そのとおりにできあがるので、どなたでも
気軽に楽しむことができます。

お気に入りの服やバッグに刺したり、
額に入れたりして楽しんでください。

Contents

CINNAMOROLL

001

ホットケーキ

できあかりサイズ：w約20cm×h約19cm（上下の模様なしで）
総カウント数：1750ct（71w×77h）
色の数：8色
使用布：Tシャツにコスモ抜きキャンバス（14ctを2目×2目で使用）
使用糸：コスモ25番刺繍糸（6本どり）
※上下の模様は好みで入れてください。

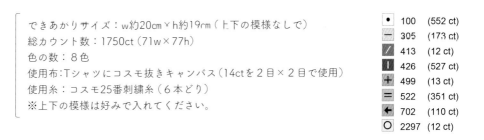

●	100	(552 ct)
	305	(173 ct)
/	413	(12 ct)
Ⅰ	426	(527 ct)
＋	499	(13 ct)
＝	522	(351 ct)
←	702	(110 ct)
O	2297	(12 ct)

シナモンロール作ろう・1

できあがりサイズ：w約13cm×h約14cm
総カウント数：2333ct（71w×77h）
色の数：10色
使用布：コスモジャバクロス 55（サックス）14ct
使用糸：コスモ25番刺繍糸（3本どり）

•	100	(346 ct)
H	111	(237 ct)
−	305	(279 ct)
N	307	(149 ct)
⁄	413	(12 ct)
▌	426	(449 ct)
+	499	(403 ct)
✕	522	(72 ct)
▐▐	2212	(286 ct)
L	3311	(100 ct)

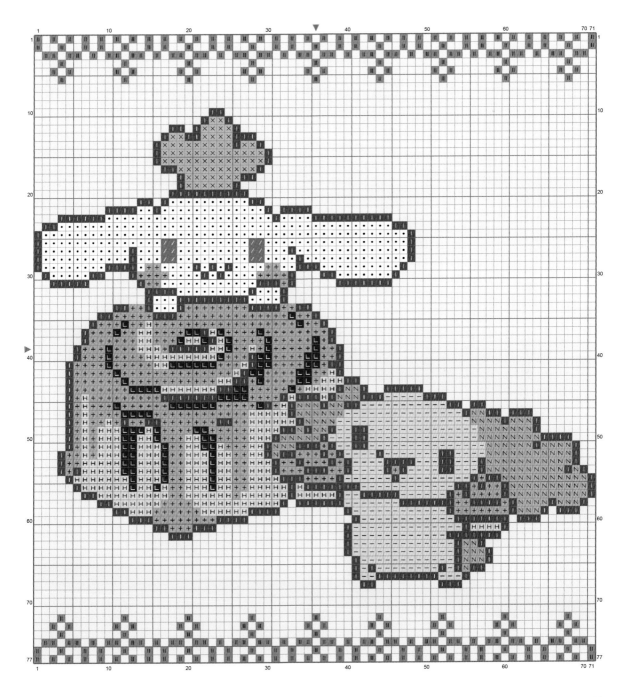

シナモンロール作ろう・2

でき あがりサイズ：w約13cm×h約14cm
総カウント数：2336ct（71w×77h）
色の数：8色
使用布：コスモジャバクロス 55（ピンク）14ct
使用糸：コスモ25番刺繍糸（3本どり）

•	100	(408 ct)
H	141	(300 ct)
N	307	(333 ct)
W	354	(288 ct)
▌	426	(431 ct)
/	522	(96 ct)
<	2424	(349 ct)
L	3311	(123 ct)

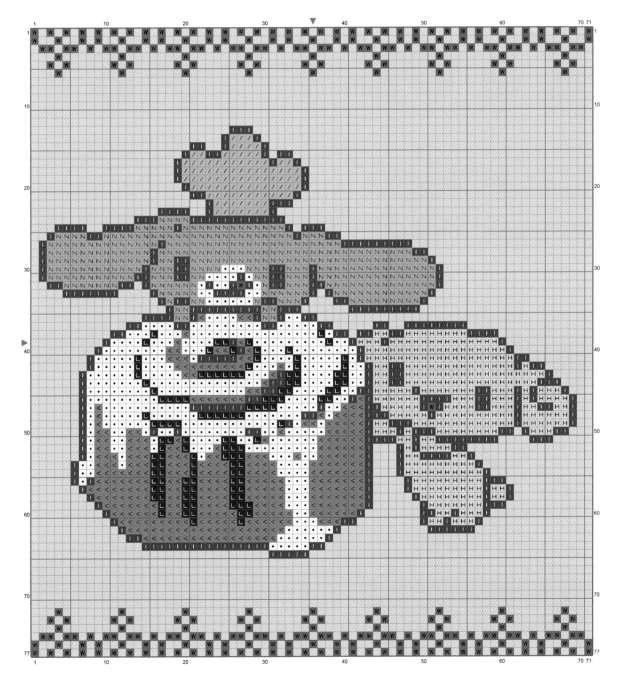

コルネに乗って

できあがりサイズ：w約13cm×h約13cm
総カウント数：2086ct（71w×69h）
色の数：7色
使用布：コスモジャバクロス 55（クリーム）14ct
使用糸：コスモ25番刺繍糸（3本どり）

●	100	(413 ct)
V	262	(217 ct)
−	411	(500 ct)
／	413	(18 ct)
❙	426	(750 ct)
＋	499	(169 ct)
O	2297	(15 ct)

ストレートステッチ
↳ 426

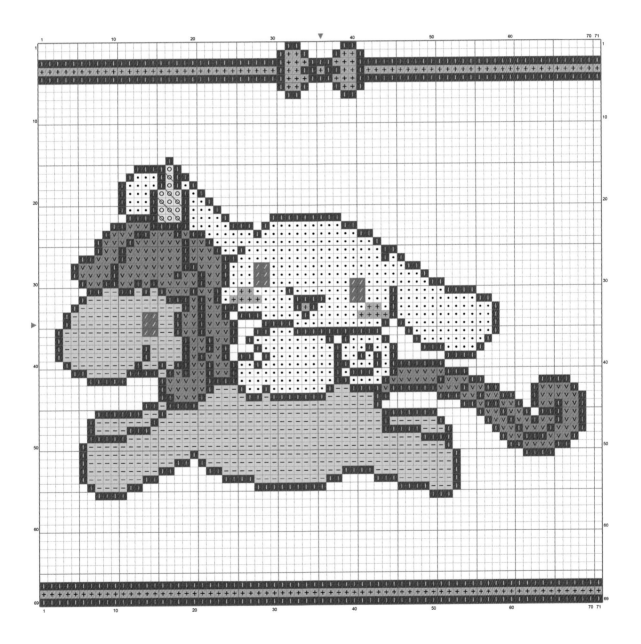

コーヒーカップ

できあがりサイズ：（左）w約8cm×h約5.5cm
　　　　　　　　（右）w約8cm×h約6cm
総カウント数：（左）1295ct／（右）1288ct
色の数：計7色
使用布：（左）Zweigart Belfast Cream
　　　　（右）Zweigart Antique White　各32ct
使用糸：コスモ25番刺繍糸（2本どり）

•	100	(703 ct)
◣	412	(405 ct)
╱	413	(12 ct)
I	426	(650 ct)
✚	499	(291 ct)
O	2297	(96 ct)
◿	2424	(366 ct)

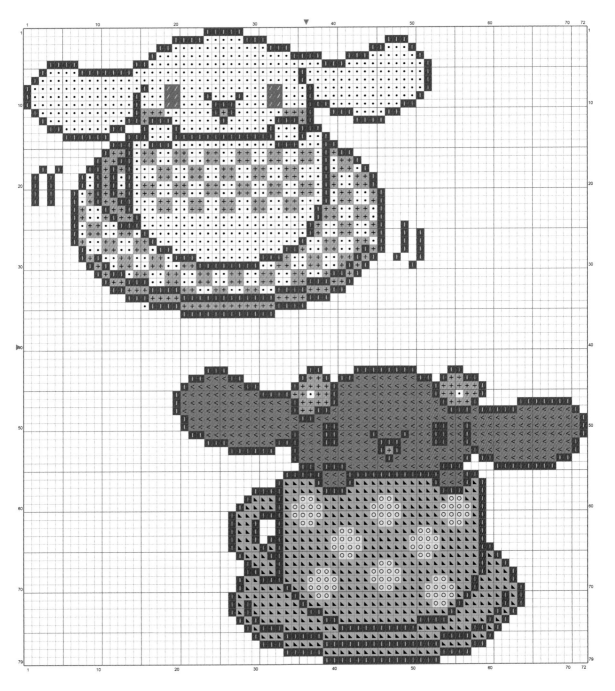

スイーツいろいろ

できあがりサイズ：w約13cm×h約14cm
総カウント数：1925ct（72w×75h）
色の数：10色
使用布：コスモジャバクロス 55（ホワイト）14ct
使用糸：コスモ25番刺繍糸（3本どり）

スケボー大好き！

できあがりサイズ：w約13cm×h約14cm
総カウント数：2389ct（71w×77h）
色の数：6色
使用布：DMCリネン（312）28ct
使用糸：コスモ25番刺繍糸（3本どり）

	100	(924 ct)
	412	(852 ct)
	413	(12 ct)
	426	(388 ct)
	702	(148 ct)
	2480	(65 ct)

アフタヌーンティー

できあがりサイズ：w約13cm×h約14cm
総カウント数：3048ct（81w×87h）
色の数：10色
使用布：Zwegart Belfast Cream 32ct
使用糸：コスモ25番刺繍糸（2本どり）

•	100	(554 ct)
N	307	(477 ct)
\	324	(185 ct)
I	426	(1064 ct)
+	499	(52 ct)
=	522	(446 ct)
T	855	(85 ct)
O	2297	(97 ct)
<	2424	(16 ct)
L	3311	(72 ct)

コルネとポロン

できあがりサイズ：w約13cm×h約14cm
総カウント数：1823ct（71w×69h）
色の数：7色
使用布：コスモジャバクロス55（クリーム）14ct
使用糸：コスモ25番刺繍糸（3本どり）

V	262	(200 ct)
−	411	(392 ct)
/	413	(24 ct)
I	426	(719 ct)
=	522	(156 ct)
O	2297	(17 ct)
Z	2480	(311 ct)

ストレートステッチ
426

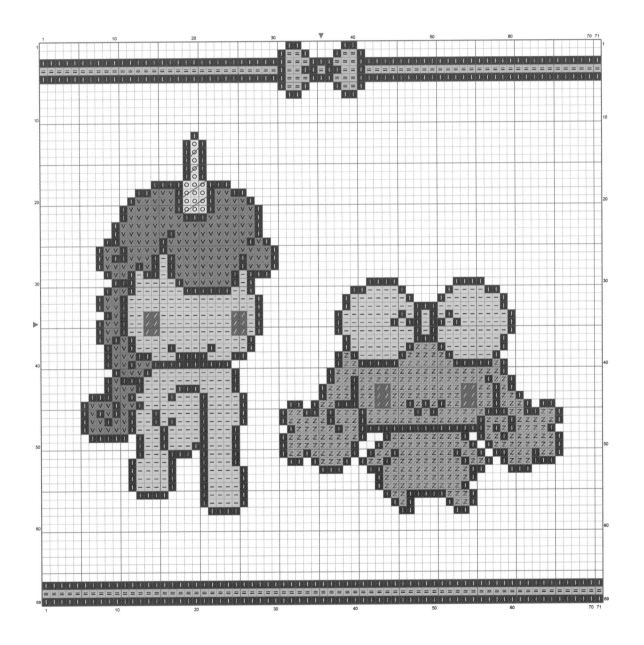

お茶とケーキはいかが

できあがりサイズ：w約13cm×h約14cm
総カウント数：2607ct（71w×77h）
色の数：8色
使用布：DMCリネン（842）28ct
使用糸：コスモ25番刺繍糸（3本どり）

•	100	(230 ct)
—	305	(494 ct)
N	307	(738 ct)
I	426	(629 ct)
+	499	(2 ct)
=	522	(187 ct)
T	855	(48 ct)
<	2424	(279 ct)

さくらんぼ

できあがりサイズ：w約11cm×h約12cm
総カウント数：2039ct（63w×68h）
色の数：7色
使用布：コスモジャバクロス 55（アイボリー）14ct
使用糸：コスモ25番刺繍糸（3本どり）

記号	色番号	(ct)
•	100	(410 ct)
N	307	(307 ct)
/	413	(12 ct)
I	426	(505 ct)
+	499	(13 ct)
T	855	(519 ct)
∴	2317	(273 ct)

25

バルーンいっぱい

できあがりサイズ：w約9cm×h約12cm
総カウント数：1511ct（51w×66h）
色の数：7色
使用布：コスモジャバクロス 55（サックス）14ct
使用糸：コスモ25番刺繍糸（3本どり）

•	100	(500 ct)
−	305	(107 ct)
◤	412	(131 ct)
╱	413	(12 ct)
▮	426	(367 ct)
✛	499	(147 ct)
○	2297	(247 ct)

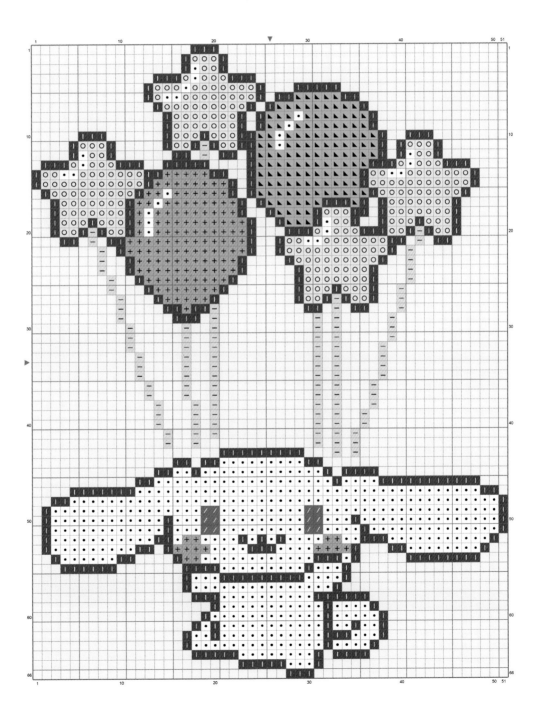

バレンタインチョコ

できあがりサイズ：w約13cm×h約13cm
総カウント数：1457ct（71w×71h）
色の数：7色
使用布：DMCリネン（784）28ct
使用糸：コスモ25番刺繍糸（3本どり）

•	100	(30 ct)
—	305	(205 ct)
N	307	(244 ct)
I	426	(469 ct)
+	499	(109 ct)
▼	800	(111 ct)
L	3311	(289 ct)

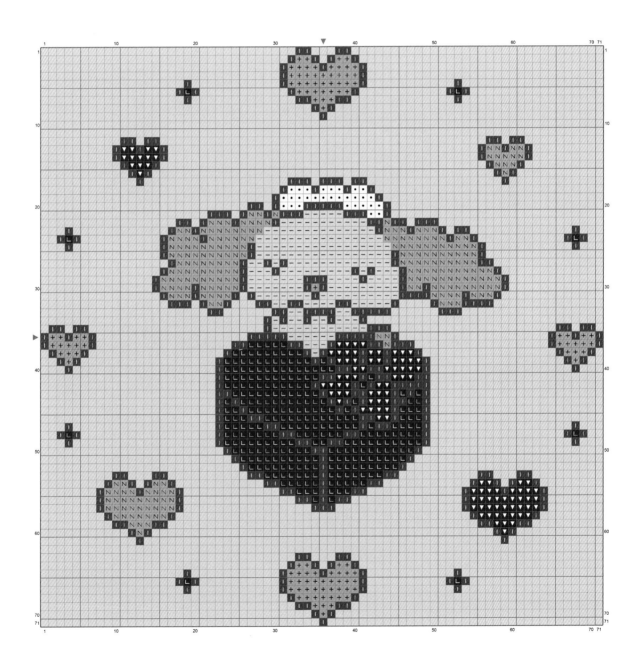

コーヒータイムにしよう

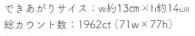

できあがりサイズ：w約13cm×h約14cm
総カウント数：1962ct（71w×77h）
色の数：6色
使用布：コスモジャバクロス55（クリーム）14ct
使用糸：コスモ25番刺繍糸（3本どり）

	100	(784 ct)
/	413	(21 ct)
I	426	(667 ct)
+	499	(105 ct)
=	522	(4 ct)
<	2424	(381 ct)

31

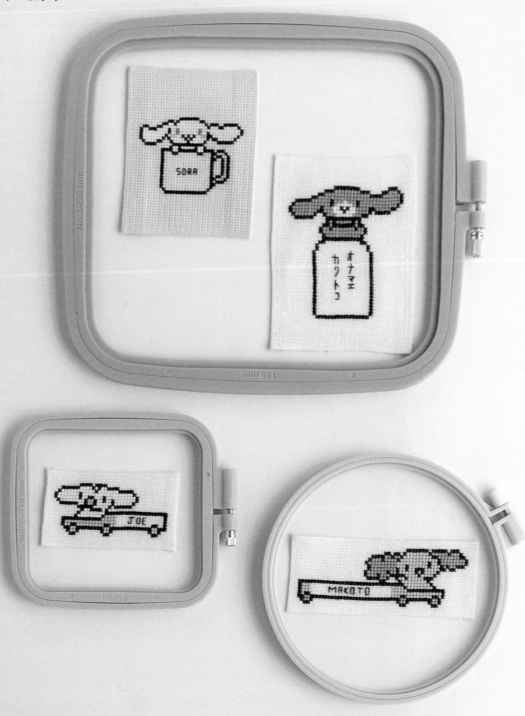

できあがりサイズ：w約13cm×h約14cm
総カウント数：1651ct（71w×77h）
色の数：8色
使用布：コスモコットンテープ100mm（生成）14ct
　　　　コスモリネンテープ50mm、120mm（白）25ct
使用糸：コスモ25番刺繍糸（3本どり）
※名前はバックステッチやストレートステッチで刺繍をしたり
　（写真は2本どり）、ペンなどで直接書いてください。
　枠は名前に合わせて幅を自由に変えてください。
　アルファベットの見本は69ページにあります。

・	100	(326 ct)
-	305	(109 ct)
N	307	(249 ct)
/	413	(4 ct)
▌	426	(734 ct)
+	499	(65 ct)
=	522	(41 ct)
‖	2212	(47 ct)

バックステッチまたは
ストレートステッチ
↳ 426

みんなでお座り

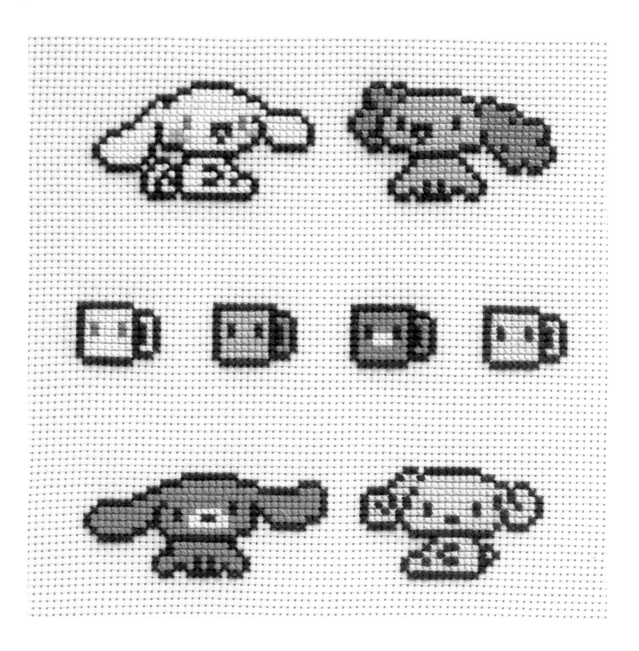

できあがりサイズ：w約13cm×h約13cm
総カウント数：1603ct（71w×71h）
色の数：7色
使用布：コスモジャバクロス55（オフホワイト）14ct
使用糸：コスモ25番刺繍糸（3本どり）

●	100	(267 ct)
H	141	(216 ct)
–	305	(168 ct)
N	307	(311 ct)
/	413	(8 ct)
I	426	(624 ct)
+	499	(9 ct)

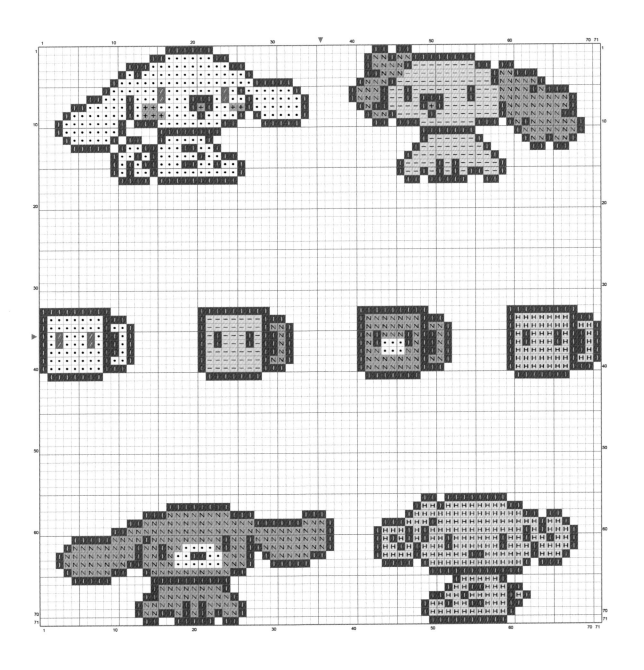

お誕生日ケーキ

できあがりサイズ：w約13cm×h約4cm
総カウント数：1645ct（71w×48h）
色の数：6色
使用布：Zweigart Cashel Cream 28ct
使用糸：コスモ25番刺繍糸（3本どり）

•	100	(935 ct)
—	305	(114 ct)
╱	413	(12 ct)
❙	426	(464 ct)
✚	499	(52 ct)
❙❙	2212	(68 ct)

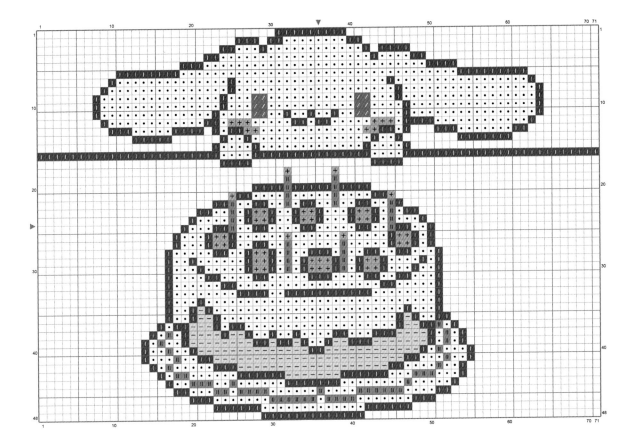

クロスステッチ大好き！

できあがりサイズ：w約13cm×h約14cm
総カウント数：1671ct（71w×75h）
色の数：7色
使用布：DMCリネン（3865）28ct
使用糸：コスモ25番刺繍糸（3本どり）

•	100	(682 ct)
◥	412	(203 ct)
/	413	(16 ct)
▮	426	(463 ct)
+	499	(22 ct)
=	522	(180 ct)
<	2424	(105 ct)

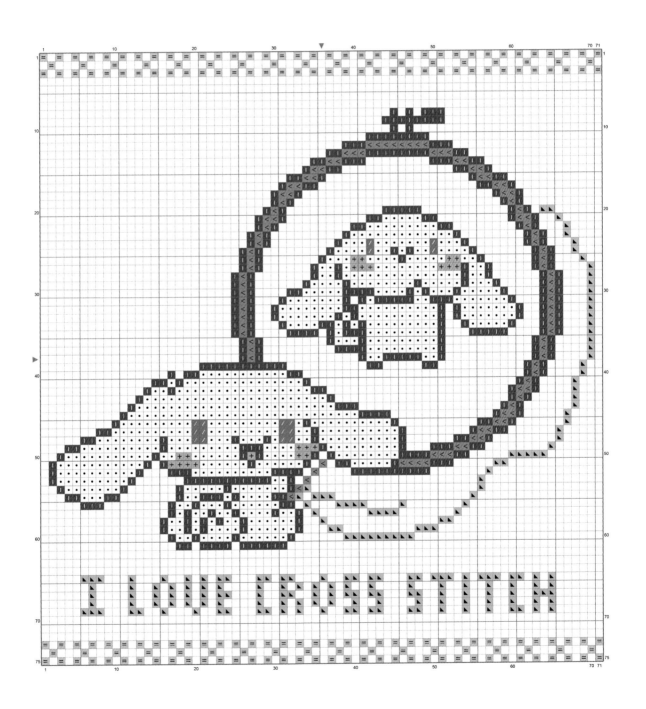

POMPOMPURIN

パンケーキ焼けた

40

できあがりサイズ：w約19cm×h約20cm
総カウント数：1582ct（70w×75h）
色の数：8色
使用布：DMCリネン（B5200）
　　　　28ctを織り糸3本×3本で使用
使用糸：コスモ25番刺繍糸（4本どり）

•	100	(19 ct)
▷	130	(44 ct)
∷	309	(149 ct)
←	702	(263 ct)
K	800	(26 ct)
‖	2212	(110 ct)
O	2297	(657 ct)
L	3311	(314 ct)

POMPOMPURIN

002

ポムポムプリンだよ

できあがりサイズ：w約13cm×h約14cm
総カウント数：1730ct（71w×75h）
色の数：4色
使用布：コスモジャバクロス55（ホワイト）14ct
使用糸：コスモ25番刺繍糸（3本どり）
※フレンチノットステッチは3本どり1回巻き

▷	130	(84 ct)
←	702	(99 ct)
O	2297	(1056 ct)
L	3311	(489 ct)

フレンチノットステッチ
・ 3311

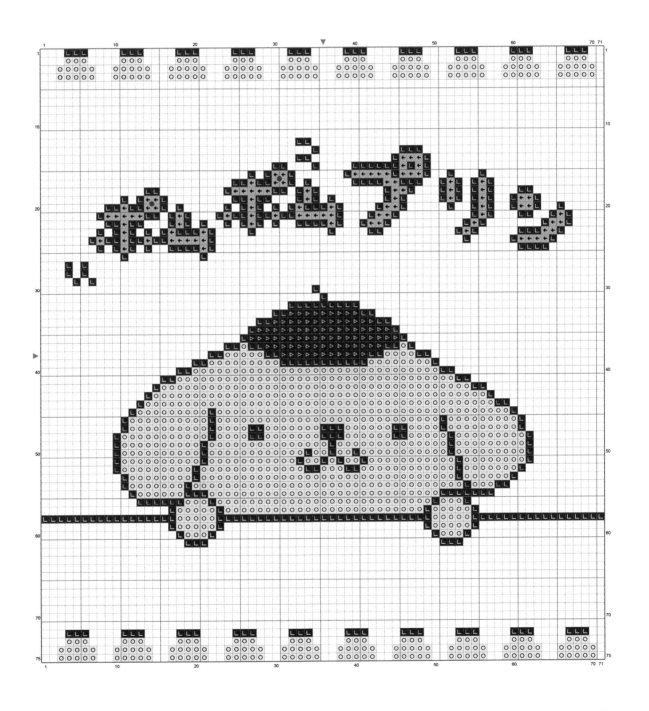

パンケーキ焼こう

できあがりサイズ：w約13cm×h約10cm
総カウント数：1745ct（70w×55h）
色の数：8色
使用布：コスモジャバクロス 55（オフホワイト）14ct
使用糸：コスモ25番刺繍糸（3本どり）
※バックステッチは2本どり

.	100	(162 ot)
▷	130	(70 ct)
↑	383	(20 ct)
←	702	(192 ct)
K	800	(64 ct)
‖	2212	(105 ct)
O	2297	(611 ct)
L	3311	(464 ct)

バックステッチ
↳ 3311

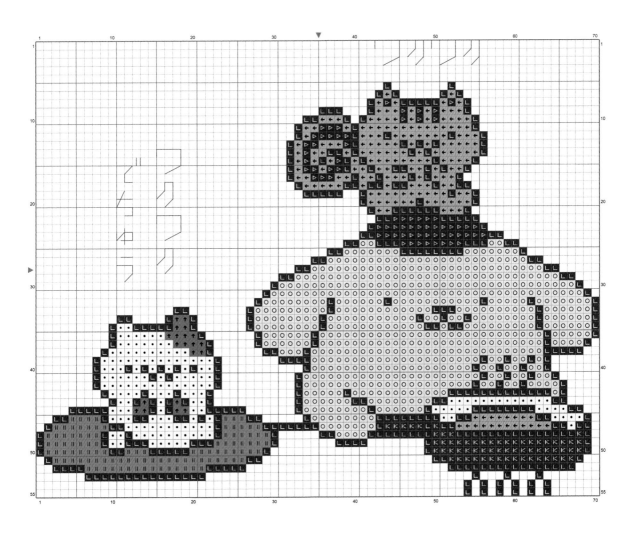

グラスのプリンと
お皿のプリン

できあがりサイズ：w約13cm×h約14cm
総カウント数：2135ct（71w×77h）
色の数：6色
使用布：コスモジャバクロス55（オフホワイト）14ct
使用糸：コスモ25番刺繍糸（3本どり）

•	100	(405 ct)
▷	130	(145 ct)
=	522	(31 ct)
K	800	(175 ct)
○	2297	(605 ct)
L	3311	(694 ct)

なかよし

できあがりサイズ：w約13cm×h約14cm
総カウント数：2097ct（69w×75h）
色の数：5色
使用布：コスモジャバクロス55（ピンク）14ct
使用糸：コスモ25番刺繍糸（3本どり）
※マカロン（右）のまつ毛は2本どりストレートステッチ、
　口とプリンの鼻下は2本どりを1本でコーチングステッチ

- • 100 （410 ct）
- ▷ 130 （29 ct）
- ＋ 499 （205 ct）
- ○ 2297 （641 ct）
- L 3311 （802 ct）

ストレートステッチ
コーチングステッチ
↳ 3311

できあがりサイズ：w約13cm×h約14cm
総カウント数：2618ct（71w×77h）
色の数：9色
使用布：コスモジャバクロス55（オフホワイト）14ct
使用糸：コスモ25番刺繍糸（3本どり）
※ストレートステッチは2本どり

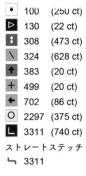

•	100	(250 ct)
▷	130	(22 ct)
⋮	308	(473 ct)
＼	324	(628 ct)
✦	383	(20 ct)
＋	499	(20 ct)
←	702	(86 ct)
O	2297	(375 ct)
L	3311	(740 ct)

ストレートステッチ
↳ 3311

スイーツいろいろ

できあがりサイズ：w約12cm×h約13cm
総カウント数：1465ct（64w×71h）
色の数：8色
使用布：コスモジャバクロス 55（ホワイト）14ct
使用糸：コスモ25番刺繍糸（3本どり）

•	100	(138 ct)
⊐	300	(20 ct)
▨	305	(38 ct)
▦	308	(438 ct)
╲	324	(2 ct)
╋	499	(96 ct)
▼	800	(74 ct)
L	3311	(659 ct)

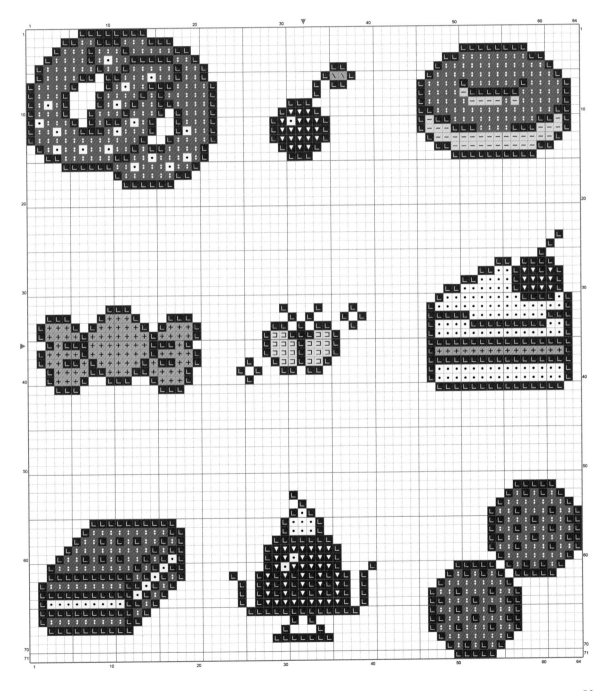

みんなでワーイ

できあがりサイズ：w約13cm×h約14cm
総カウント数：1829ct（71w×75h）
色の数：8色
使用布：DMCリネン（B5200）28ct
使用糸：コスモ25番刺繍糸（3本どり）
上下の模様の斜めの線は1本どりストレートステッチ、
文字は2本どりバックステッチ

記号	番号	本数
•	100	(55 ct)
▷	130	(33 ct)
⊐	300	(116 ct)
\	324	(228 ct)
↑	383	(8 ct)
←	702	(346 ct)
○	2297	(643 ct)
L	3311	(345 ct)

ストレートステッチ
バックステッチ
↳ 3311

キャンプで釣り

できあがりサイズ：w約13cm×h約14cm
総カウント数：2535ct（81w×87h）
色の数：12色
使用布：コスモジャバクロス65（オフホワイト）16ct
使用糸：コスモ25番刺繍糸（2本どり）

	100	(91 ct)		702	(43 ct)
▷	130	(38 ct)	F	704	(173 ct)
N	307	(16 ct)	K	800	(44 ct)
⊘	335	(148 ct)	‖	2212	(307 ct)
↑	383	(29 ct)	O	2297	(660 ct)
+	522	(93 ct)	L	3311	(893 ct)

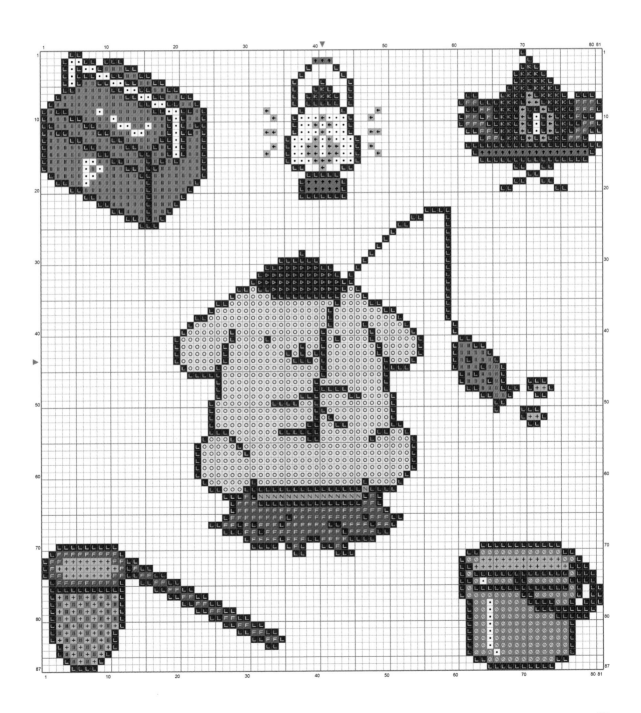

キッチンの道具

できあがりサイズ：w約15cm×h約14cm
総カウント数：2242ct（74w×69h）
色の数：9色
使用布：コスモリネンテープ50mm（白）25ct
使用糸：コスモ25番刺繍糸（3本どり）
※バックステッチは2本どり

•	100	(456 ct)
▷	130	(16 ct)
I	308	(6 ct)
=	522	(206 ct)
←	702	(180 ct)
K	800	(120 ct)
‖	2212	(61 ct)
O	2297	(305 ct)
L	3311	(865 ct)

バックステッチ
↳ 3311

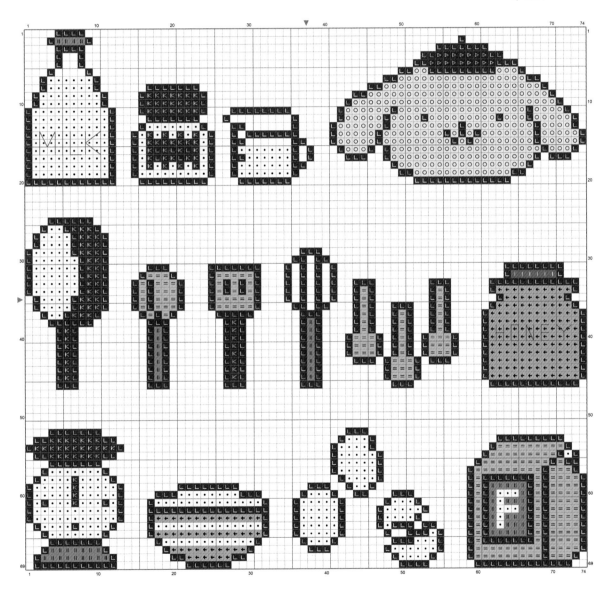

59

POMPOMPURIN

011

おともだち

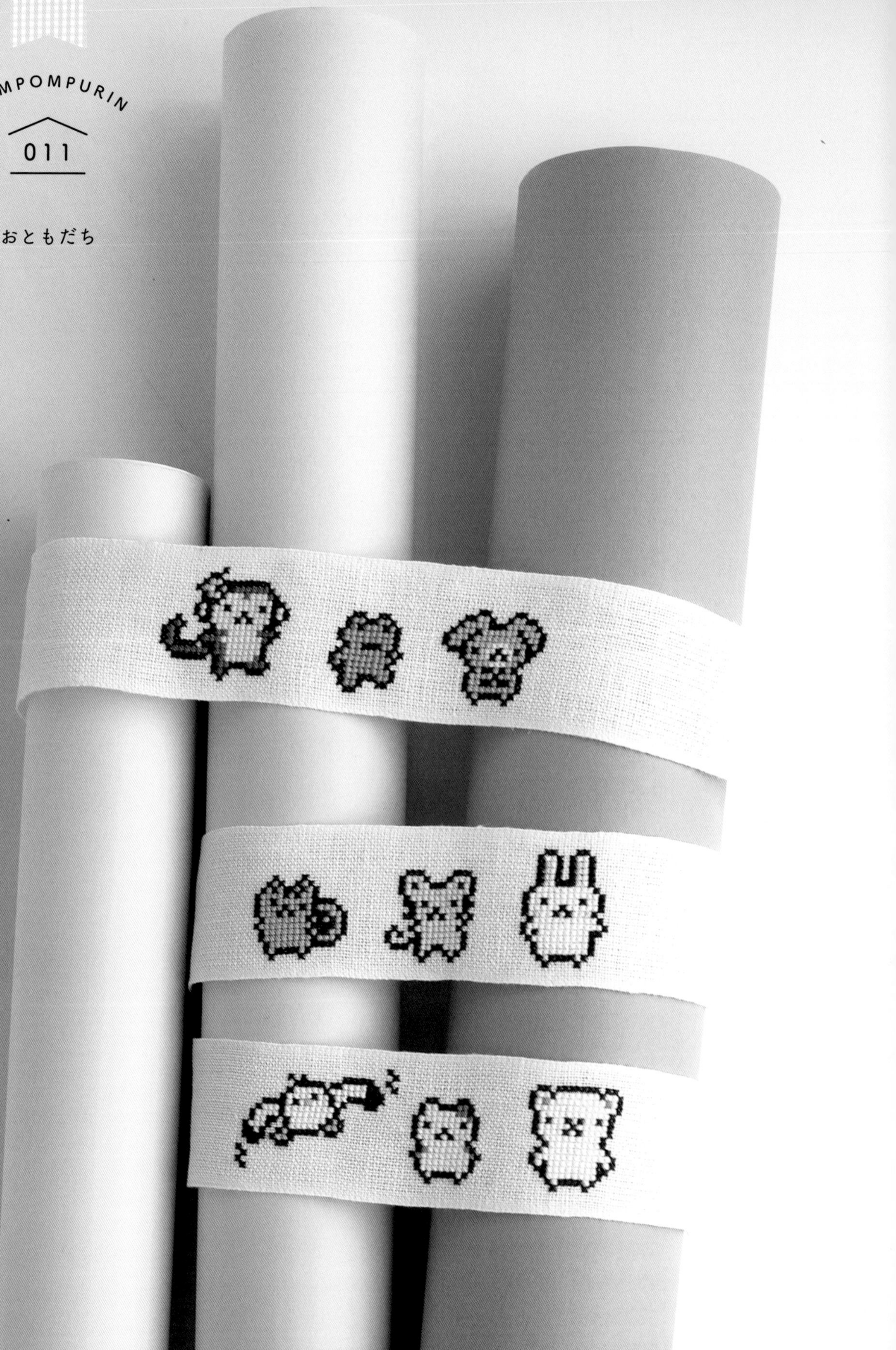

できあがりサイズ：w約13cm×h約14cm
総カウント数：1464ct（63w×69h）
色の数：10色
使用布：コスモリネンテープ50mm（白）25ct
使用糸：コスモ25番刺繍糸（3本どり）

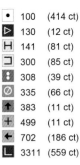

	100	(414 ct)
▷	130	(12 ct)
H	141	(81 ct)
⊐	300	(85 ct)
⌷	308	(39 ct)
⊘	335	(66 ct)
⬆	383	(11 ct)
+	499	(11 ct)
←	702	(186 ct)
L	3311	(559 ct)

今日のおやつ

できあがりサイズ：w約13cm×h約13cm
総カウント数：2136ct（70w×73h）
色の数：4色
使用布：コスモジャバクロス 55（オフホワイト）14ct
使用糸：コスモ25番刺繍糸（3本どり）
※バックステッチは2本どり

▷	130	(80 ct)
=	522	(48 ct)
O	2297	(1373 ct)
L	3311	(627 ct)

バックステッチ
↳ 3311

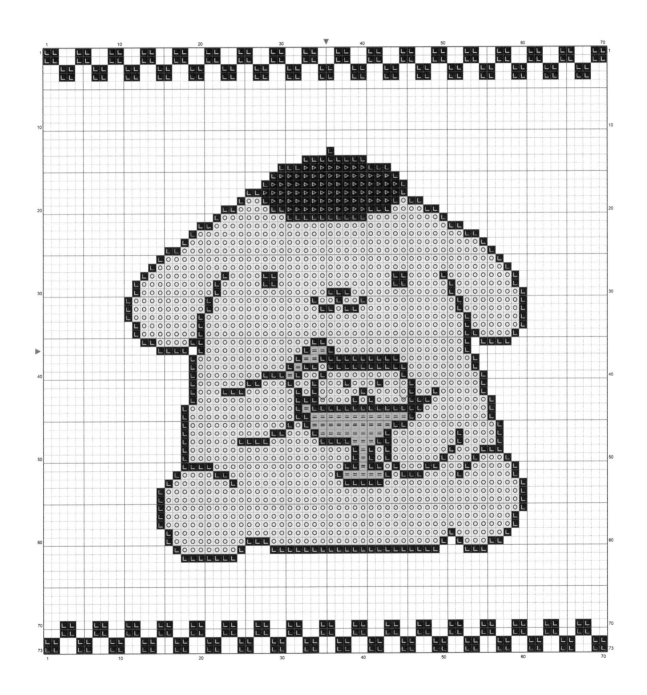

プリン・ア・ラ・モード

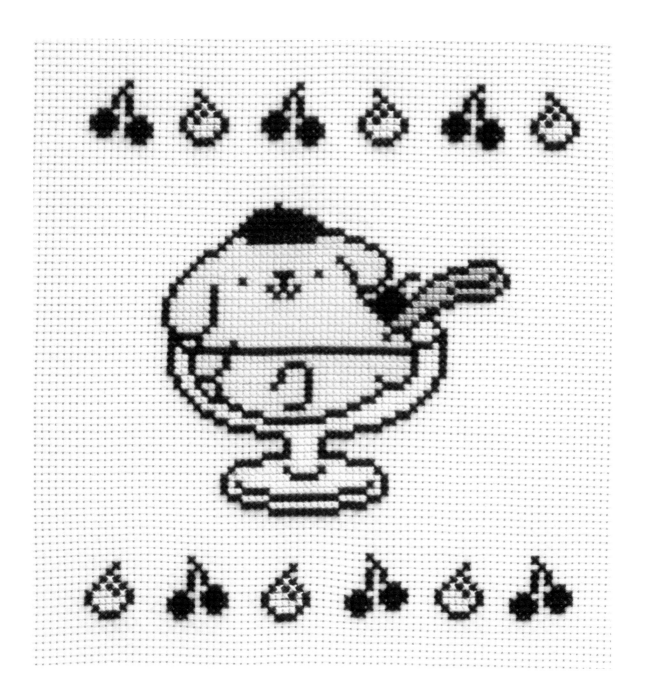

できあがりサイズ：w約13cm×h約14cm
総カウント数：1635ct（71w×77h）
色の数：6色
使用布：コスモジャバクロス55（クリーム）14ct
使用糸：コスモ25番刺繍糸（3本どり）

•	100	(315 ct)
▷	130	(28 ct)
=	522	(43 ct)
+	800	(58 ct)
○	2297	(587 ct)
L	3311	(604 ct)

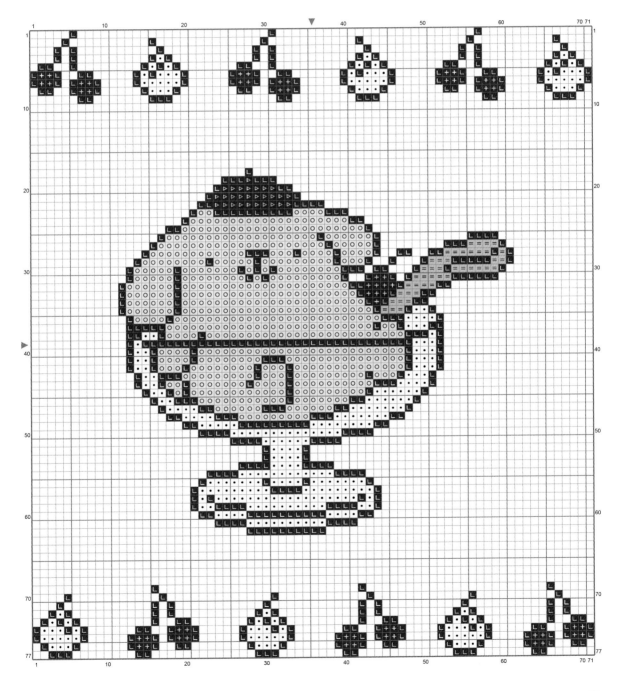

できあがりサイズ：w約13cm×h約14cm
総カウント数：1519ct（71w×77h）
色の数：3色
使用布：DMCリネン（B5200）28ct
使用糸：コスモ25番刺繍糸（3本どり）
※連続模様なので、好きな大きさにできます。

▨	308	(406 ct)
O	2297	(777 ct)
L	3311	(336 ct)

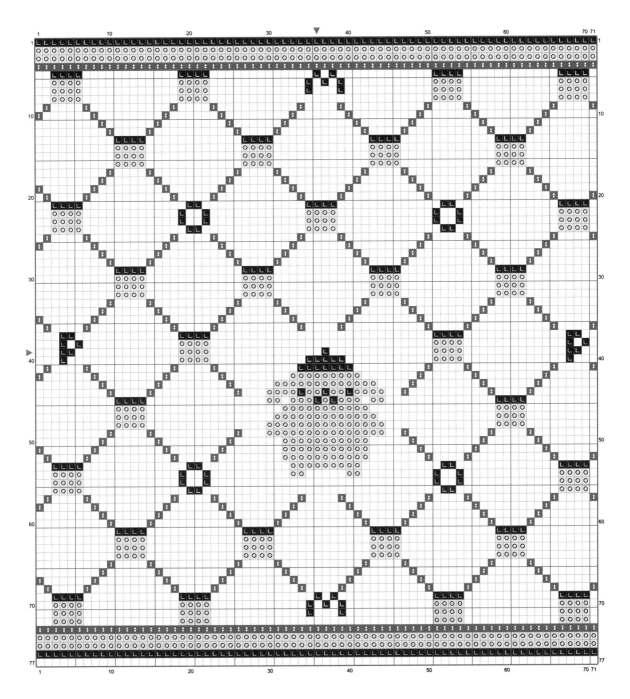

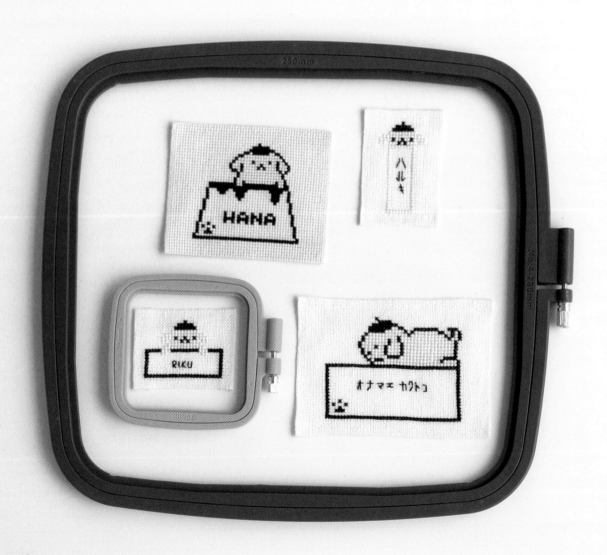

できあがりサイズ：w約13cm×h約14cm
総カウント数：1351ct（71w×77h）
色の数：2色
使用布：使用布：コスモコットンテープ100mm（生成）14ct
　　　　コスモリネンテープ50mm、120mm（白）25ct
使用糸：コスモ25番刺繍糸（3本どり）
※名前はバックステッチやストレートステッチで刺繍をしたり
　（写真は2本どり）、ペンなどで直接書いてください。
　枠は名前に合わせて幅を自由に変えてください。
　アルファベットは見本です。

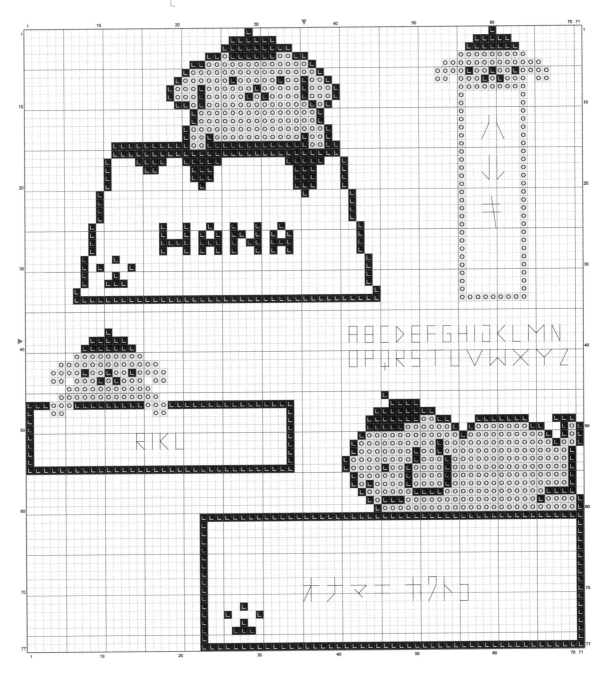

前とうしろ

できあがりサイズ：w約13cm×h約13cm
総カウント数：2122ct（71w×69h）
色の数：4色
使用布：コスモジャバクロス55（オフホワイト）14ct
使用糸：コスモ25番刺繍糸（3本どり）
※ストレートステッチは2本どり。

▷ 130 （56 ct）
← 702 （292 ct）
○ 2297 （1438 ct）
L 3311 （330 ct）
ストレートステッチ
↳ 3311

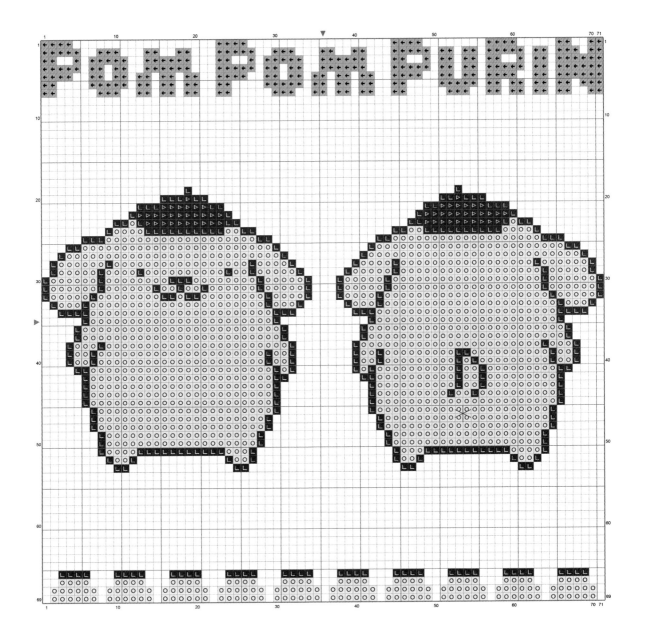

刺繍しようよ

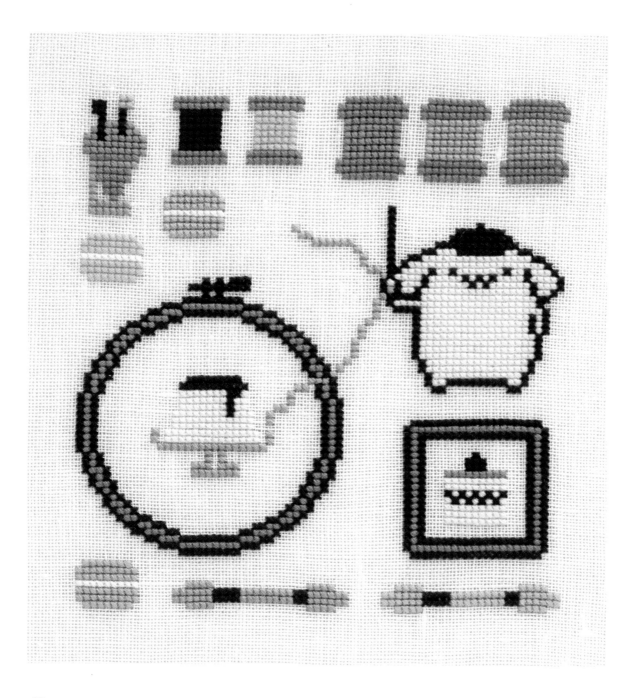

できあがりサイズ：w約13cm×h約14cm
総カウント数：2157ct（71w×77h）
色の数：11色
使用布：DMCリネン（3865）28ct
使用糸：コスモ25番刺繍糸（3本どり）

•	100	(27 ct)	▼ 800	(56 ct)
▷	130	(37 ct)	‖ 2212	(205 ct)
＼	324	(50 ct)	○ 2297	(483 ct)
⊘	335	(82 ct)	◁ 2424	(463 ct)
＋	499	(86 ct)	Ｌ 3311	(510 ct)
←	702	(158 ct)		

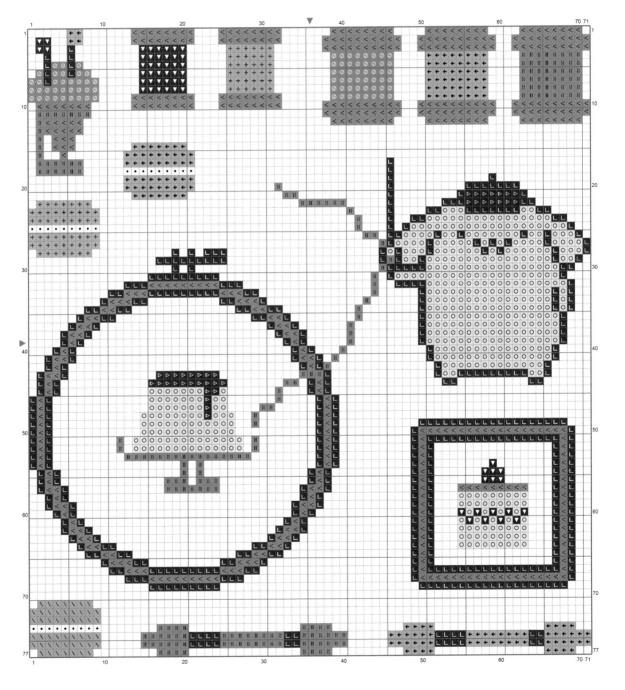

クロスステッチの基礎

シンプルな技法ですが、きれいに刺すにはコツがあります。
ここでは基礎的なことを解説します。

針

クロスステッチ専用針を使います。先が丸いので、刺した糸や布の織り糸を割らずにスムーズです。2〜3本どりには24〜28番がおすすめ。

刺繍枠

いろいろな大きさがありますが、スタンドを使わず手で持つ場合は、8〜12cmの小さめの方が疲れません。

布

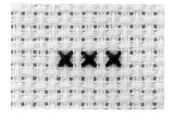

ジャバクロス、アイーダなどの種類があるクロスステッチ専用布。格子状になっていて目を拾いやすいので初心者にはおすすめ。

平織りのリネン。本書では織り糸2本×2本を1目と数えて刺しています。織り糸が太かったり細かったりしても、必ず1目分の織り糸の本数は守りましょう。

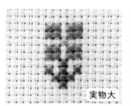

実物大

11ct（4本どり）

実物大

14ct（3本どり）

実物大

16ct（2本どり）

同じ図案でも、布目の大きさによって仕上がりの大きさが変わります。

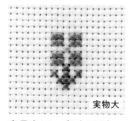

実物大

専用布16ct（2本どり）

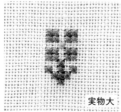

実物大

リネン32ct（2本どり）

リネンの織り糸2本を1目に数えて刺すと、クロスステッチ専用布の倍のカウント数になります。つまりリネンの織り糸2本×2本に刺繍した場合、リネン32ctは専用布16ctと同じ大きさに仕上がります。

刺繍糸の通し方

①25番刺繍糸は6本で1束になっています。まずは1束を取り出し、約45cmにカットします（偶数本どりをループメソッドで刺し始める場合は倍の90cm。P.77参照）。

②使う本数を、1本ずつ引き出します。真ん中でふたつに折って中央から引き出すとからまりにくい（ループメソッドの場合は半分の本数）。

③まず糸の先端を輪にして針のおしりにひっかけて二つに折り、くせをつけます。

④糸が輪になった部分をしっかりと指でつぶして糸を持ちます。

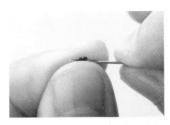

⑤糸は指から出さず、指の間に針を押し込むようにして糸を針の穴に通します。糸を指から出して針に通そうとするのではなく、針で糸を迎えに行くイメージです。

⑥糸が通ったら指先でつまんで引き出します。

⑦糸が通りました。

刺繍糸の本数

糸の本数は布目の大きさによって適正があります。14〜16ctの布に刺繍する場合は2〜3本どりがよいでしょう。1本どりは繊細で華奢な表現になり、織り糸1本×1本に刺繍する時や、40ct以上の細かいリネンに刺す場合に使います。本数が増えるとボリュームが出るので大きな作品に向いていますが、糸目を揃えるのが難しくなります。

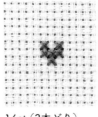

14ct（2本どり）

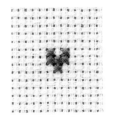

14ct（3本どり）

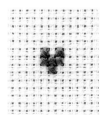

14ct（4本どり）

刺し進め方

イギリス式　　　フランス式

目のかけ方は、／が上になる「イギリス式」と、＼が上になる「フランス式」があります（本書はフランス式で統一）。好みや刺しやすさで選んでよいのですが、ひとつの作品の中では、1種類のかけ方で統一させることが大切です。

ひとつ刺す

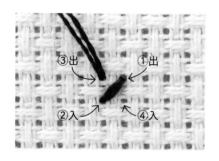

③出　　①出
②入　　④入

離れた場所に刺す場合は、糸をそのつど処理した方が裏に糸が長く渡らず、また表にも響かないのできれいに仕上がります。1〜2目離れているくらいなら続けてしまっても。

続けて刺す

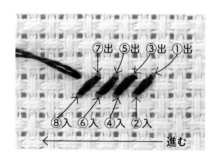

⑦出　⑤出　③出　①出
⑧入　⑥入　④入　②入
←　　　　　　　進む

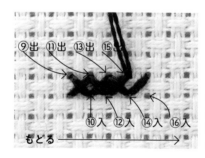

⑨出　⑪出　⑬出　⑮出
⑩入　⑫入　⑭入　⑯入
もどる　←

ハーフクロス（クロスの片方だけ）で右から左に刺し進み、左から右にハーフクロスで刺し戻ってきます。

法則を決めて刺す

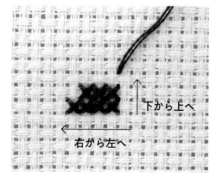

↑　下から上へ
←　右から左へ

刺し順に決まりごとはありませんが、一定の法則のもとに刺し進めると針目が整い、美しく仕上がります。クロスステッチは天地を逆さまにしても糸のかけ方が同じになるので、逆に進みたい場合は布の天地をひっくり返すと同じ法則で刺すことができます。

裏

裏がきれいに揃うように刺し進めると、糸が節約できる上に、表の刺繍も自然と美しくなります。

刺し始め

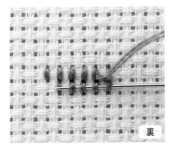

クロスステッチは刺し始めと刺し終わりに玉結びや玉留めをしません。刺し始めは裏に2cmほど残して糸を出し、糸端をくるむように刺します。

刺し終わり

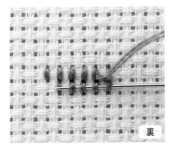

裏糸に3〜4目くぐらせて糸を切ります。糸の端は刺繍から出ないようにカットすると表に響きません。

- Point -

複数の色を使っている時、なるべく同じ色の糸の裏にくぐらせると、刺し間違えた時に他の糸をほどかなくてすみます。

刺し始め （偶数本どりの場合=ループメソッド）

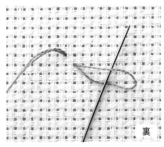

①1針めを刺した時、裏に輪の部分を残し、針をくぐらせます。

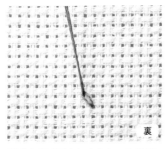

②糸を軽く引きしめます。糸端が出ないのですっきりします。

2本、4本といった偶数本どりの場合、糸を半分に折って、輪ではない方を針に通します。すると端が輪になっているので、輪の部分に針をくぐらせて刺し始めます。この方法をループメソッドといいます。

1目だけ刺す場合

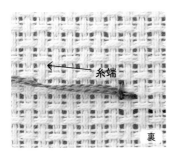

糸端

①（奇数本）刺し始めは2cmほど裏に残し、くるむように刺します。（偶数本）ループメソッドで始めます。

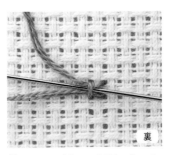

②クロスを刺したら裏の糸に2回ほどからげます。

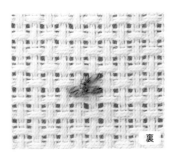

③糸を裏糸のきわでカットします。刺し始めの糸が長く残っている場合は一緒にカット。

その他のステッチ

クロスステッチ以外のステッチを組み合わせると、表現の幅が広がります。

ストレートステッチ

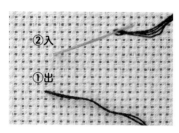

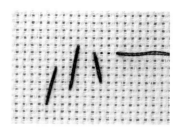

針を表に出し、刺したい場所に針を入れます。

名前の通り、直線を描くステッチ。長さや組み合わせで自由な表現ができます。

バックステッチ

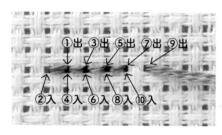

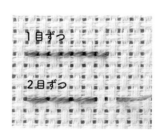

1目ずつ戻りながら進むことで、切れ目のない直線が描けます。「本返し縫い」の針運びと同じです。

目を2目、3目ずつとると印象が変わります。

フレンチノットステッチ

①糸を表に出し、針に糸を1〜2回巻きつけます。

②針を同じ穴（抜けてしまいそうなら織り糸1本分ずらす）に刺します。

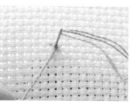

③布に対して垂直に針を立てて裏に引き抜きます。糸を引きすぎるとノットが小さくなり、裏に落ちるので注意。

糸の本数と巻きつける回数で、できるコブ（ノット）の大きさが変わります。

コーチングステッチ

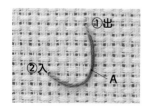

①好みの曲線になるようA糸をたるませて刺します。

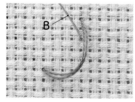

②B糸を表に出し、A糸を留めるようにして同じ穴に戻します。

③1か所留めたところ。同様に数か所留めます。曲げたい部分にB糸を留めると自在に表現がしやすくなります。

④目立たせたくない場合はA糸とB糸は同色に。B糸は1本どりだと目立ちません。デザインの効果を出したい場合はB糸を違う色にしたり、本数を増やしても。

便利なグッズ

目が細かい布や、タオルやTシャツなど目が格子状ではないものに刺したい場合、このようなグッズを使うとクロスステッチ専用布と同様に刺すことができます。

抜きキャンバスの使い方　ワンポイント図案、水で色落ちする手染め糸や布の場合

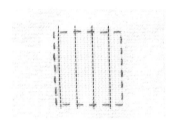

①図案よりひとまわり大きくカットして、周囲にしつけをして固定します。

②針を垂直に立てて同じ針穴に刺すのがポイント。できたらしつけをとります。

③刺繍をしていないキャンバス部分が多く残っていたらカットします。

④毛抜きで1本ずつキャンバスを抜きます。刺繍部分を指で押さえ、水平垂直にまっすぐひっぱります。布の繊維を抜かないように注意。布を折ってキャンバスを立たせて抜くとよい。

⑤キャンバスが硬くて抜きにくい場合は霧吹きで湿らせて糊をとり、やわらかくします。全部抜いたらできあがり。

水に溶けるキャンバスの使い方　大きめの図案、洋服や帽子など

①シールタイプのものは、はくり紙をはがして布に貼り、方眼をガイドに刺繍をします。

②ぬるま湯でシートを溶かし、ぬるぬるがなくなるまでていねいに洗い流します。

③キャンバスが完全に落ちたら乾かし、裏からアイロンで仕上げをします。

起毛素材（タオルやフェルト）の布はシールタイプだとダメージを受けやすいので、しつけをして使うタイプがおすすめ。同様にお湯に溶かしてキャンバスを取り除きます。

宗のりこ　Noriko Soh

刺繍作家。針と糸があれば幸せ。「物語のある刺繍」をテーマに
絵本のような図案をデザイン・制作している。色彩豊かで遊び
心あふれるオリジナル図案が人気。不定期でワークショップや
ネットショップ「ちいさいおみせ（オリジナルクロスステッチ図
案・キット販売）」を開催。著書に『Frog and Toad クロスステッ
チ BOOK』（誠文堂新光社）。
Instagram：@ nonstopnon　　Twitter：@ noriginal_net

STAFF
ブックデザイン　林陽子（Sparrow Design）
撮影　　　　　　寺岡みゆき
スタイリング　　串尾広枝
モデル　　　　　アリナ・ソボレワ
制作協力　　　　Tae*　渡辺扶貴子　土屋裕美子
　　　　　　　　ted_needle_works　竹林綾子

材料協力　株式会社ルシアン
　　　　　https://www.lecien.co.jp
　　　　　ディー・エム・シー株式会社
　　　　　https://www.dmc.com

衣装協力　原宿シカゴ下北沢店
　　　　　（P4 シャツ）Tel.03-3419-2890
　　　　　MARMARI
　　　　　（P.50 ブラウス、パンツ、P.52 ブラウス、P.66 ブラウス）
　　　　　Tel.042-587-8889

キャラクター著作　（株）サンリオ
©2023 SANRIO CO., LTD. TOKYO, JAPAN Ⓗ

シナモロールとポムポムプリンの
クロスステッチ BOOK

2023年3月12日　発　行　　　　　　　　　　　　　NDC594

著　　　者　宗のりこ
発　行　者　小川雄一
発　行　所　株式会社 誠文堂新光社
　　　　　　〒113-0033 東京都文京区本郷 3-3-11
　　　　　　電話 03-5800-5780
　　　　　　https://www.seibundo-shinkosha.net/
印　刷　所　株式会社 大熊整美堂
製　本　所　和光堂 株式会社

ISBN978-4-416-52321-6